PIERRE CROCE

40 JEUX À FAIRE EN SOIRÉE

FIRST ÉDITIONS

Je dédie ce livre à ma prof de français,
qui me disait que je ne serai jamais un auteur,
que je n'avais pas suffisamment la fibre littéraire.
Tout ça parce que j'ai dit que Corneille avait
écrit *Le Cidre*.

SOMMAIRE

INTRODUCTION

Quelle fierté, quel plaisir, quelle joie de me retrouver en librairie, pas loin de Rimbaud, de Montesquieu et de Molière.
Quelle sensation ! Comme une impression de tutoyer la pléiade, de laisser mon nom gravé quelque part dans l'histoire de la littérature !

En même temps, j'ai toujours eu la sensation d'être fait pour ce destin, depuis mon 14/20 au bac de français, puis mon 8/20 l'année suivante en philosophie.
Malgré ce destin tout tracé, difficile de réaliser que maintenant, je suis un auteur, un écrivain.

Difficile de trouver le sommeil aussi ; les yeux rivés sur mon téléphone, à attendre un mail ou un appel de mon éditeur qui m'annoncera que je suis en lice pour le Prix Goncourt, le Prix Femina ou mieux encore, le Prix Nobel de littérature…

Bon, j'avoue, je plaisante, je ne vise quand même pas le Prix Nobel pour mon premier livre mais il fallait que je vous expose la satisfaction que je ressens, avant de vous présenter mon ouvrage intitulé *40 jeux à faire en soirée*.
Ah oui, au fait, j'ai recompté et il n'y a que 39 jeux. Je n'avais plus d'inspiration mais pour la couverture je trouvais ça plus stylé de mettre 40 jeux. J'espère que vous me comprendrez.

J'avais entendu que les auteurs de mon niveau travaillaient énormément la nuit, à ne presque pas en dormir, en quête d'inspiration.

Eh bien, c'est exactement ce qu'il m'est arrivé pour imaginer ces 40 jeux (39 en fait), pour les mettre au point, les tester, les perfectionner, rejouer encore et encore jusqu'à enfin les voir naître. J'ai passé des soirées entières à ne pas dormir avant 3 heures du matin, à en sacrifier mon sommeil pour le bien de mes lecteurs.
Je vous livre donc ici ces 40 jeux, mes 40 jeux (39 en fait). J'ai essayé de tous les imaginer avec ma logique, ma vision du divertissement. C'est pourquoi il peut y avoir dans ce livre, aussi bien des jeux de réflexes que des jeux d'adresse, de la compétition comme du simple passe-temps créatif.
Au final, ce livre c'est des jeux et des soirées entre amis. Je me rends compte, qu'en fait, ce livre, c'est une autobiogaphie.

Avant que vous ne commenciez à dévorer mes textes, je tiens à apporter une précision : je ne dis pas que ces jeux sont à faire avec de l'alcool, c'est à vous de décider de ce que vous mettrez dans vos verres.
En revanche, si vous décidez d'utiliser de l'alcool pour réaliser ces jeux, je vous rappelle que l'abus d'alcool est dangereux pour la santé, à consommer avec modération.

Voilà, tout est dit, je vous laisse savourer ces 40 jeux (39 en fait), vous amuser comme je me suis amusé à les créer au fil des années.
En attendant, j'attends le coup de fil de M. Goncourt.

Bonnes soirées !

2+
JOUEURS

le Pile ou Face

1 PIÈCE
DE MONNAIE *

LA RÈGLE DU JEU

1

Le premier joueur fait un pile ou face avec une pièce.

2

S'il tombe sur pile, le joueur suivant doit faire pile aussi, le premier joueur qui casse la série de pile en faisant face doit boire le nombre de gorgées équivalentes au nombre de fois où il y a eu pile avant lui.

3

Le jeu fonctionne exactement de la même manière si le joueur fait face au premier tour.

4

Une fois que le joueur perdant a bu, c'est lui qui relance une partie en refaisant un pile ou face.

MA PETITE NOTE

Ce jeu ne fonctionne pas avec un billet.

* Veillez à ce que la pièce ait bien deux côtés. Quitte à les recompter avant de jouer, il ne faut jamais faire confiance à une pièce qui vous dit qu'elle a deux côtés.

3+
JOUEURS

Le jeu du réveil

1 TÉLÉPHONE
PAR JOUEUR

LA RÈGLE DU JEU

L'avantage de ce jeu, c'est qu'il peut se jouer pendant une soirée tout à fait classique, ou même pendant que vous jouez à d'autres jeux de cet excellent livre.

1

Un joueur détermine une tranche horaire qui va arriver dans peu de temps.

Par exemple, s'il est 22 h 23, il va dire « entre 22 h 30 et 23 h ».

2

Tous les joueurs doivent alors paramétrer une alarme sur leur téléphone dans cette tranche horaire sans montrer leur choix aux autres participants.

3

Le but du jeu est de ne pas être le premier à faire sonner son alarme ni le dernier.

Le premier et le dernier boiront alors 3 gorgées.

MA PETITE NOTE

Si votre alarme sonne à 8 h, faites attention ! Ce n'est peut-être pas un jeu, mais bien l'heure d'aller travailler.

POUR CORSER LE NIVEAU

- Si deux joueurs font sonner leur alarme en même temps mais ne sont ni les premiers ni les derniers, ils boivent 1 gorgée chacun.
- Si deux joueurs font sonner leur alarme en même temps et qu'ils sont soit premiers soit derniers, c'est le cul sec, vous le savez, ne prenez pas cet air malheureux.
- Si vous relancez une partie par la suite, faites attention, souvent certains joueurs oublient de régler de nouveau leur alarme. N'hésitez pas à les pénaliser de 3 gorgées.

2+
JOUEURS

le Bottle flippant

1 BOUTEILLE D'EAU REMPLIE À ENVIRON 1/3

1 TABLE

1 TÉLÉPHONE

LA RÈGLE DU JEU

1

Prenez une bouteille d'eau en plastique correctement remplie pour faire un bottle flip. Si vous ne savez pas ce qu'est un bottle flip, regardez sur Internet, j'en ai marre de tout vous expliquer, merde !

Mettez un chrono de 1 minute autour de la table.

2

Le premier joueur doit faire un bottle flip. Il continue jusqu'à ce qu'il réussisse à le faire. Une fois réussi, il passe la bouteille au joueur suivant dans le sens des aiguilles d'une montre. (Si vous ne savez pas ce que sont les aiguilles d'une montre, regardez sur Internet. Y en a marre, je vais péter un plomb ! Ah non ! En fait, je suis très calme, mais ça m'énerve un peu...)

3

Le joueur suivant tente alors un bottle flip et ainsi de suite.

4

Le joueur ayant la bouteille en main quand le chrono sonne doit boire 3 gorgées. C'est lui qui recommence à jouer à la partie suivante.

Si un joueur met clairement plus de 30 secondes à réussir son bottle flip, les autres joueurs peuvent juger qu'il doit passer la bouteille au joueur suivant et boire 1 gorgée de pénalité.

MA PETITE NOTE

Désolé, je me suis un peu énervé, mais ça va. En vrai, je me suis calmé là.

suite

BON MAINTENANT QUE JE SUIS CALMÉ, VOILÀ COMMENT ON FAIT UN BOTTLE FLIP !

POUR CORSER LE NIVEAU

Pendant la partie, si un joueur réussit son bottle flip du premier coup, en plus de passer la bouteille au joueur suivant, il peut désigner pendant la partie un joueur qui doit boire 1 gorgée de pénalité.

2+
JOUEURS

la Balance

1 BALANCE DE PRÉCISION

LA RÈGLE DU JEU

1

Une personne remplit un verre comme il le veut.

2

Chacun mise sur le poids du contenant au gramme près. Avec une balance de précision, vous vérifiez le poids total.

3

Le plus éloigné doit boire le verre. Le joueur qui a rempli le verre peut participer aussi, mais il est préférable de changer ce rôle à chaque tour pour ne pas avantager un joueur.

Attention aussi à prendre vos paris en même temps pour ne pas qu'il y ait un petit malin qui se positionne à chaque fois entre 2 paris pour être sûr de ne pas être le plus éloigné.

MA PETITE NOTE

Ce jeu ne peut pas être fait avec de la farine sous peine d'avoir beaucoup de difficulté à ingurgiter votre verre.

2+
JOUEURS

le Suisse

AUCUN MATÉRIEL REQUIS !

LA RÈGLE DU JEU

1

En début de soirée, définissez un chiffre ou un nombre de 0 à 59, par exemple le 13.

2

Dès lors, à chaque heure, 20 h 13, 21 h 13, 22 h 13, etc. tous les invités devront faire ce geste précis : recouvrir leur verre de la main gauche.

3

Le dernier qui pensera à faire ce geste devra finir son verre.

4

Le jeu recommence une heure après.

MA PETITE NOTE

Pensez à bien définir une heure de fin de jeu. Par exemple, après 1 h 13, vous vous dites que le jeu est terminé.

Je dis ça parce que malheureusement une fois avec un pote on avait oublié de fixer une heure de fin de jeu... On a dû y jouer pendant 7 jours de suite, 24 h sur 24. Je vous raconte pas l'état dans lequel on a fini.

suite

ON A FINI MAL.

2+
JOUEURS

le AKijpense

AUCUN MATÉRIEL REQUIS !

LA RÈGLE DU JEU

1

En 1 contre 1, chaque joueur pense à une personne connue ou de son entourage que l'autre personne peut connaître.

2

Chacun se pose alors une question fermée à tour de rôle pour essayer de rétrécir le champ des possibles et deviner petit à petit la personne.

MA PETITE NOTE

Ce jeu est évidemment inspiré de l'application Akinator pour qui j'ai un maximum de respect, ça se voit que c'est un bon gars !

3

Chaque fois que la réponse à la question est « non », celui qui a posé la question boit 1 gorgée. Si c'est « oui » il reste sain et sauf.

4

Le premier des deux qui devine le personnage mystère de l'autre, gagne. Le perdant finit son verre.

POUR CORSER LE NIVEAU

Vous pouvez jouer à ce jeu en étant plus nombreux. Par exemple, si vous êtes 3 : le joueur 1 doit deviner le personnage mystère du joueur 2, le joueur 2 doit deviner le personnage mystère du joueur 3 et le joueur 3 doit deviner le personnage mystère du joueur 1.

4 JOUEURS

le Morpion gorgée

1 TABLE

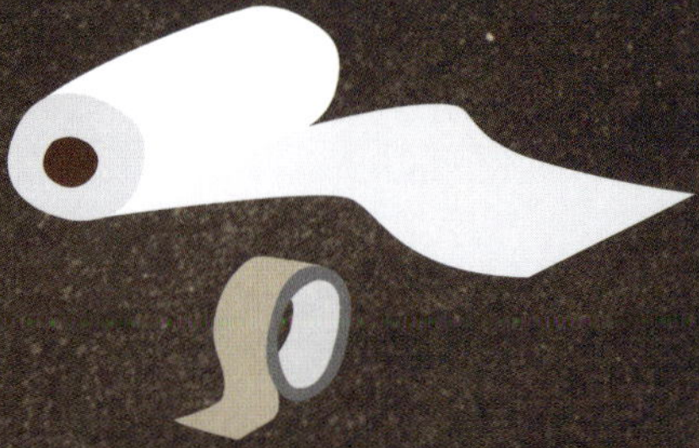

1 NAPPE BLANCHE EN PAPIER ET 1 MARQUEUR OU DU RUBAN ADHÉSIF QUI N'ABÎME PAS LA TABLE SI VOUS LE COLLEZ DESSUS

LA MISE EN PLACE

1

À l'aide du ruban adhésif, dessinez un carré sur la table.

Divisez ce carré en 9 parties égales.

Si vous avez une nappe, dessinez dessus à l'aide d'un marqueur.

2

Mettez un symbole 1, 2 ou 3 comme le montre le schéma ci-dessous.

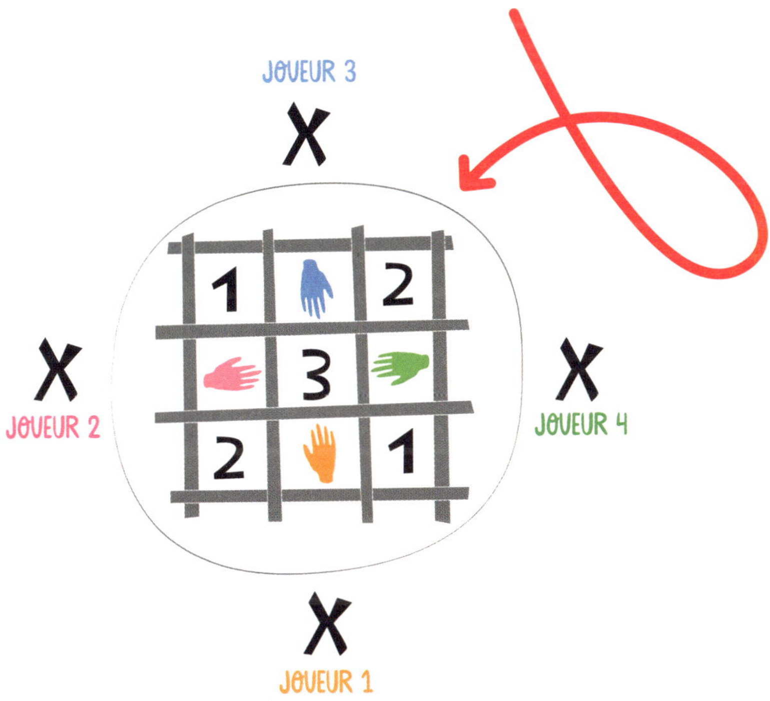

suite

LA RÈGLE DU JEU

1

Comptez jusqu'à 3 pour vous donner un top départ. Votre main placée sur le carré en face doit alors se déplacer sur une des cases adjacentes : celle de droite, celle de gauche ou celle d'en face.

2

Si un autre joueur se retrouve sur la même case, vous avez échoué. Tous les joueurs présents sur des cases communes doivent boire le nombre de gorgées indiquées.

Si vous vous retrouvez seul sur une case, vous ne buvez pas.

3

Pour relancer une partie, remettez votre main sur la case initiale.

MA PETITE NOTE

Si vous avez détérioré votre table à cause du ruban adhésif, une table toute neuve vous est offerte en page 62.

POUR CORSER LE NIVEAU

Ce jeu peut aussi se jouer à 6 joueurs avec un plateau correspondant au schéma ci-dessous.

Ici aussi, tous les joueurs peuvent se déplacer uniquement sur les 3 cases adjacentes à leur main, mais ils ont en plus la possibilité de tous se mettre sur le 6 au milieu.

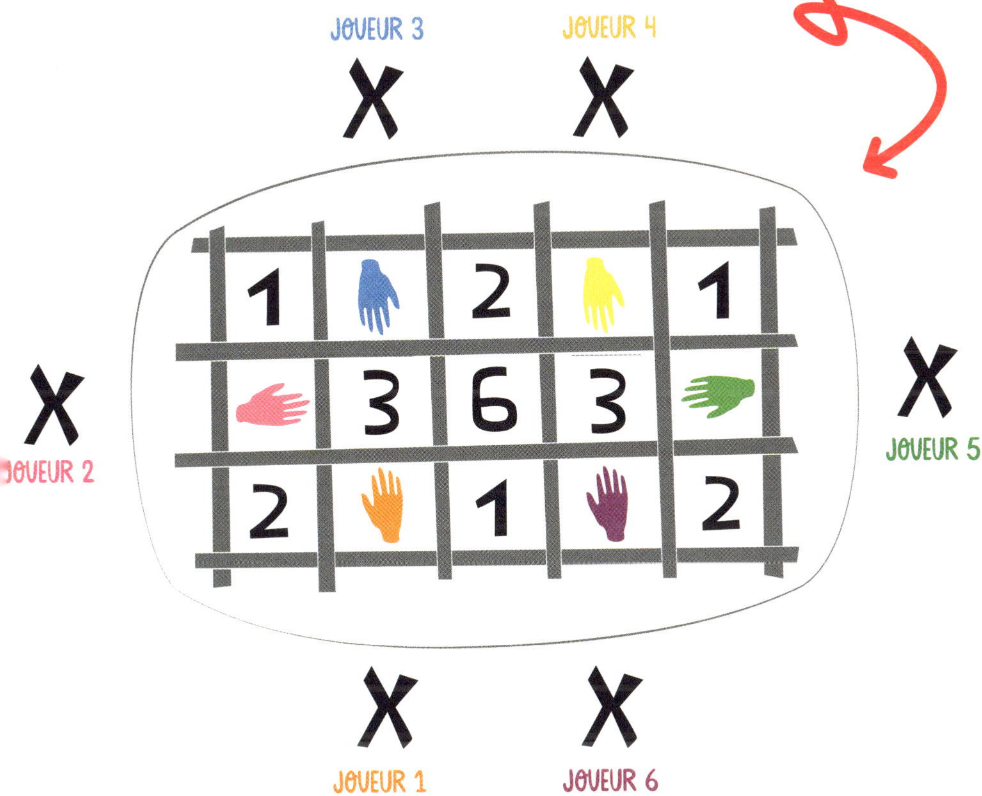

2+
JOUEURS

Le Narcisse

1 TÉLÉPHONE
PAR PERSONNE

LA RÈGLE DU JEU

1

Déterminez le joueur qui commence. Celui-ci prend alors son téléphone et ouvre sa pellicule photos.

2

Il scrolle sans regarder ce qu'il fait. Quand un autre joueur dit « Stop », il doit arrêter et agrandir la photo sur laquelle il est tombé.

POUR CORSER LE NIVEAU

**Le joueur a le droit de ne pas vouloir montrer une photo, personne ne peut l'en obliger.
En revanche, il aura un cul sec de pénalité pour garder sa photo secrète.**

suite

3

Si le joueur apparaît sur la photo sélectionnée, il doit boire 1 gorgée.

4

Si c'est clairement une photo narcissique (selfie, photo dans un miroir de type « je suis beau gosse ce matin avant de partir au boulot », etc.), le joueur boit alors 3 gorgées.

5

Si d'autres joueurs autour de la table apparaissent sur la photo, ils boivent aussi 1 gorgée.

6

Si le joueur tombe sur une photo où aucune personne présente n'apparaît, rien ne se passe. C'est au tour du joueur suivant.

MA PETITE NOTE

Je ne suis pas le créateur de ce jeu pour être honnête, c'est Narcisse qui l'avait imaginé pendant qu'il passait son temps à regarder son reflet dans l'eau.

Avant de mourir, il a écrit « Pierre, tu pourras reprendre le concept dans ton bouquin, ça me fera plaisir ».

4 JOUEURS

LE DÉ-MINEUR

5 DÉS

LA RÈGLE DU JEU

1

3 joueurs lancent un dé en même temps. Les dés sont alors visibles sur la table.

2

Le quatrième joueur lance 2 dés qu'il cache entre ses mains.

POUR CORSER LE NIVEAU

Le joueur 4 peut aussi décider de totalement bluffer.

Dans l'exemple ci-contre, il peut dire qu'il a fait un total de 11 et que tout le monde doit boire.

Les joueurs peuvent alors le croire et boire leur gorgée ou alors douter de lui.

Le joueur 4, qui cachait les dés, montre alors son jeu.

S'il mentait, il boit 2 gorgées, sinon les joueurs ayant remis en cause sa parole boivent 2 gorgées.

Attention, si un joueur n'est pas cité par le joueur 4 pour boire, alors il ne pourra pas donner son avis sur le débat.

Une fois la partie finie, vous pouvez changer les rôles pour que chacun joue une fois avec les dés cachés.

3

Il regarde si la somme de ses 2 dés est égale à la valeur de 1 ou plusieurs dés en face de lui.

Par exemple :

Le joueur 1 fait 3.

Le joueur 2 fait 2.

Le joueur 3 fait 6.

Si le joueur 4 fait un total de 5 avec ses dés, il peut dire qu'il fait boire les joueurs 1 et 2 parce que son total est égal à la somme des dés des joueurs 1 et 2.

4

Il annonce alors qui il fait boire.

2+
JOUEURS

le pla-nis-phère

1 PLANISPHÈRE
(QUI N'A PAS UNE GRANDE VALEUR AFFECTIVE POUR VOUS*)

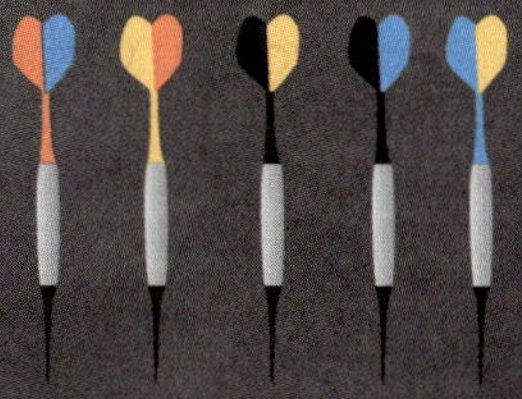

DES FLÉCHETTES

LA MISE EN PLACE

Fixez le planisphère au mur.
Attention : choisissez un mur qui ne craint rien !
Les fléchettes vont faire des petits trous...

LA RÈGLE DU JEU

1

À tour de rôle, tirez une fléchette sur le planisphère.

2

- Si vous touchez une partie « terre », vous êtes sauvé : vous ne buvez pas.
- Si vous touchez une partie « eau » (mer, océan, les lacs du Connemara, etc.), vous avez perdu : vous buvez 1 gorgée.
- Si vous finissez dans l'espace (en gros si vous avez loupé le planisphère), vous buvez votre verre.

suite

*Si vous avez été élevé par ce planisphère, autant ne pas l'utiliser pour ce jeu, il pourrait vous en vouloir.

MA PETITE NOTE

Attention à l'endroit où vous aller accrocher le planisphère : les fléchettes doivent se planter dedans et surtout ne pas détruire quelque chose de valeur !

Je dis ça comme ça, mais si vous décidez de jouer au Louvre, faites gaffe à ne pas l'accrocher sur *La Joconde* par exemple...

POUR CORSER LE NIVEAU

Le premier joueur du tour peut désigner une partie à viser (par exemple, l'Amérique latine).

Il lance la fléchette pour atteindre la cible visée. S'il y arrive, il est sauvé et le joueur suivant doit viser la même zone, sinon il boit en suivant les règles énoncées en page 35.

Le joueur suivant joue en choisissant une nouvelle région et ainsi de suite.

Le planisphère, p. 34.

4 JOUEURS

1 JEU DE CARTES

(SEULEMENT AVEC LES CHIFFRES DE 1 À 5)

le Mémorable

LA RÈGLE DU JEU

1

Chaque joueur choisit une couleur entre cœur, pique, carreau et trèfle.

2

Le premier joueur retourne une carte. Si ce n'est pas le 5 de sa couleur, il la remet (face cachée), sinon il la garde près de lui.

3

Une fois le 5 trouvé, il doit trouver le 4 et ainsi de suite jusqu'à l'as qui représente le 1.

POUR CORSER LE NIVEAU

Vous pouvez jouer à deux contre deux.

Dans ce cas, les joueurs se faisant face font équipe.

Prenez alors seulement le cœur et le pique mais cette fois de l'as jusqu'à 10.

La première équipe qui découvre son as fait boire l'autre équipe.

suite

4

À n'importe quel instant du jeu, le joueur ayant trouvé la carte qu'il lui faut est autorisé à rejouer.

S'il ne trouve pas la carte qu'il lui faut, il la remet face cachée et c'est au tour du joueur suivant.

5

La partie est finie lorsque l'un des joueurs a trouvé son as.

6

Les autres joueurs boivent le nombre de gorgées indiqué sur la dernière carte de leur couleur.

2+
JOUEURS

Le mot le plus long

1 TÉLÉPHONE

LA RÈGLE DU JEU

1

Un joueur définit un thème, par exemple « les noms de pays ».

2

Il commence par dire un mot de 4 lettres correspondant au thème, ici l'exemple serait « Iran ».

3

Le joueur suivant doit trouver un autre mot correspondant au thème contenant 5 lettres.

Et ainsi de suite.

Les joueurs ont 30 secondes de réflexion maximum.

4

Le premier joueur qui abandonne doit boire le nombre de gorgées correspondant au nombre de lettres du mot qu'il devait trouver moins le nombre de lettre de départ.

Par exemple, si le joueur a perdu alors qu'il devait trouver un mot de 8 lettres, il devra donc boire 8-4 = 4 gorgées.

POUR CORSER LE NIVEAU

La partie peut s'arrêter là, ou alors, le joueur suivant celui qui a perdu peut faire une proposition et donc relancer la partie.

Celui qui a perdu pourra proposer de nouveau une réponse quand ce sera de nouveau son tour. Comme ça, s'il est vraiment nul, il boira 2 fois.

suite

TO DO

MA PETITE NOTE

Allez… Je suis sympa,
je vous donne quelques thématiques
qui fonctionnent bien :

- Groupes de musique ;
- Séries produites par Netflix ;
- Noms de famille de footballeurs ;
- Marques d'alcools ;
- Noms d'applications mobiles ;
- Marques de vêtements ;
- Noms de famille d'écrivains (je vous rappelle que « Croce » fonctionne désormais dans cette catégorie).

4+ JOUEURS

le TRAIN de la MINE

1 DÉ PAR JOUEUR

LA RÈGLE DU JEU

1

Chaque joueur lance son dé à tour de rôle, dans le sens des aiguilles d'une montre.

2

En partant toujours du dernier dé lancé, si la somme de 2 ou plusieurs dés à la suite fait 11, alors tous les joueurs inclus dans cette addition boivent (le nombre de gorgées correspond au nombre de joueurs inclus dans l'addition).

Par exemple, si le joueur 1 a fait un score de 1, le joueur 2 a fait un score de 6 et le joueur 3 a fait un score de 3, les 3 joueurs ne boivent pas encore puisque leur total est de 10, en revanche, si le joueur 4 fait un score de 2, dans ce cas le total des dés des 3 derniers joueurs (joueurs 2, 3 et 4) est de 11, ils doivent alors boire 3 gorgées chacun.

POUR CORSER LE NIVEAU

Si tous les joueurs sont inclus dans l'addition pour boire, alors vous connaissez la sanction… C'est cul sec !

3

Admettons maintenant que ça soit à nouveau au joueur 1 de jouer puisqu'il y a 4 joueurs autour dans la table, S'il fait un score de 6, dans ce cas le total des 3 derniers joueurs (joueurs 3, 4 et 1) est égal à 11, les joueurs boivent à nouveau 3 gorgées chacun.

MA PETITE NOTE

Vous pouvez jouer à 3. Dans ce cas, il ne faut pas faire 11 mais 7 pour boire.

Après s'il vous manque un joueur, vous me dites, je suis dispo.

3+
JOUEURS

le caps sur table

1 TABLE

1 NAPPE BLANCHE
EN PAPIER

1 MARQUEUR

1 CAPSULE
PAR JOUEUR

LA MISE EN PLACE

1

Sur la nappe, dessinez un cercle d'environ 40 cm de diamètre.

2

Autour de ce cercle, au niveau de chaque joueur, dessinez autant de cercles (de la taille d'une capsule) qu'il y a de joueurs. On appellera ces petits cercles les points de lancement, ça fait plus classe.

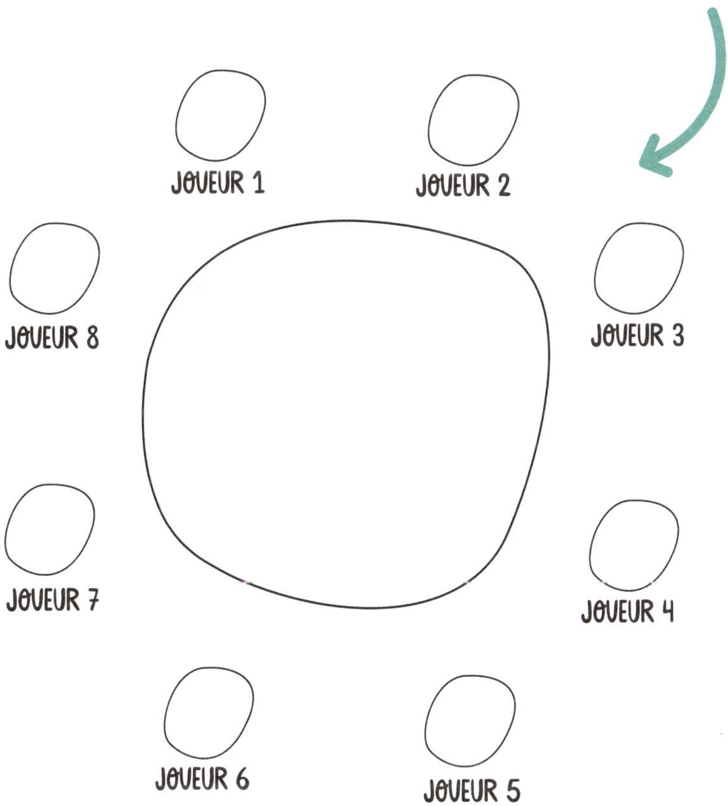

suite

LA RÈGLE DU JEU

Le joueur qui joue en premier est celui qui a le plus mauvais souvenir à raconter à cause d'une boisson fermentée à base de houblon (un vomi en soirée, un lendemain difficile, une canette retrouvée dans une partie intime de son corps, peu importe).

1

En partant de son point de lancement, le joueur va tenter de lancer sa capsule à l'intérieur du cercle central avec son majeur.

- S'il ne parvient pas à faire rentrer la capsule dans le cercle, il boit 1 gorgée.
- S'il parvient à faire rentrer la capsule dans le cercle, c'est au joueur à sa gauche de jouer.

La capsule du joueur précédent reste sur la table.

Attention, une capsule qui touche la ligne, est considérée comme dans le cercle.

Encore plus attention, si votre capsule tombe hors de la table, c'est cul sec.

Si votre capsule tombe de la table, va dans votre garage, prend la voiture, prend l'autoroute et se retrouve à Barcelone pour faire la teuf avec des potes, le cul sec est annulé.

2

Le joueur suivant doit lancer sa capsule depuis son point de lancement, plusieurs scénarios sont alors possibles :

- Il touche la capsule d'un adversaire, ce dernier boit alors 1 gorgée.
- Il touche plusieurs capsules de plusieurs adversaires, tous les adversaires touchés boivent 1 gorgée.
- Il touche la capsule d'un adversaire et celle-ci se retrouve en dehors du cercle, le joueur à qui appartient la capsule boit 3 gorgées.
- Il touche une ou plusieurs capsules mais sa propre capsule sort du cercle : tous les gages sont annulés sauf le sien, il boit 3 gorgées.
- Il ne touche rien, mais il est dans le cercle, rien ne se passe.
- S'il sort du cercle ou de la table sans toucher d'autres capsules, les sanctions habituelles sont appliquées.

Notez bien que lorsque vous jouez votre capsule et qu'elle est dans le cercle, vous devez la laisser dans le cercle jusqu'à votre prochain tour.

Si vous êtes nombreux à jouer, je vous conseille d'écrire une lettre dans la capsule afin de retrouver facilement la vôtre.

MA PETITE NOTE

Très bon jeu pour un début de soirée à 4 ou 5 personnes !

Si vous êtes seul, ce jeu n'a pas grand intérêt.
Et puis boire seul, c'est triste.

En vrai, si vous passez la soirée seul, je vous conseille plutôt de lire un bouquin. Mais pas celui-ci, parce qu'il va sans cesse vous rappeler que vous êtes seul et qu'avec des amis, vous pourriez faire plein de jeux. Bref, au pire, allez dormir.

3+
JOUEURS

Le Traître

1 JEU DE CARTES

LA RÈGLE DU JEU

1

Déterminez un enjeu avec vos amis et prenez une carte qui correspond à cet enjeu. Par exemple, si vous voulez jouer pour 3 gorgées, prenez une carte de 3. Si l'enjeu est un cul sec, prenez un as. Prenez ensuite des figures (valets, dames, rois, peu importe) pour compléter.
Il faut donc autant de cartes que de joueurs, avec une carte pénalité et le reste sont des figures.

Mélangez alors les cartes et distribuez-les, face cachée, à chacun des joueurs.

2

Chaque joueur regarde discrètement sa carte. Celui qui a le chiffre est le traître et donc la personne à identifier et éliminer. Vous avez le droit de débattre quelques minutes pour savoir qui est le traître.

3

Ensuite tout le monde en même temps montre du doigt celui qui est potentiellement le traître selon lui. Le joueur qui obtient le plus de voix est sorti du groupe.

4

Il montre alors sa carte. S'il avait la carte traîtresse, il boit le nombre de gorgées indiquées. Si ce n'est pas le traître, cela signifie que le traître a gagné.

5

Dans ce cas, tout le groupe, sauf le traître, boit le nombre de gorgées indiquées. Notez bien que celui qui a été sorti du groupe ne boit pas non plus. Il sera donc dans l'intérêt de chacun, d'essayer de se faire sortir du groupe, sauf pour le traître.

MA PETITE NOTE

Pour le traître, je sais que ce n'est pas facile de se défendre, voici donc quelques arguments à utiliser au gré de la conversation :

« Mais euh... c'est pas moi ! »
« Ah ouais ? Pourquoi ça serait moi ? »
« Ça peut pas être moi, moi je suis gentil. »

2+
JOUEURS

Le shot au buzzer

1 BALLE
1 PETIT PANIER
DE BASKET

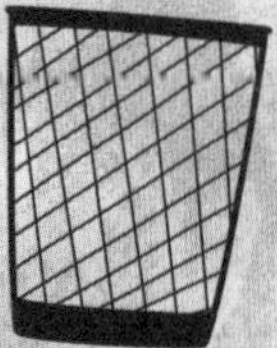

OU 1 CORBEILLE
À PAPIER

LA RÈGLE DU JEU

1

En face de votre petit panier ou de votre corbeille, prenez une balle et mettez-vous à une distance correcte pour pouvoir marquer un panier sans que ça ne soit trop facile.

2

Shootez alors à tour de rôle. Le dernier qui marque doit boire le nombre de gorgées correspondant au nombre total de tours effectués pour determiner le perdant.

3

Pour ne pas le désavantager, le dernier joueur a une chance de marquer son panier dans le même tour que les joueurs précédents. S'il inscrit son panier, tous les joueurs qui étaient encore en jeu dans ce dernier tour doivent rejouer jusqu'à ce qu'il n'y ait qu'un seul grand perdant.

Attention, plus vous faites de tours pour déterminer le perdant, plus le nombre de gorgées en jeu s'accumule.

MA PETITE NOTE

Si vous vous retrouvez en soirée avec Steph Curry, LeBron James et Kevin Durant, il est à mon avis préférable de jouer à un autre jeu. Sinon, amusez-vous !

POUR CORSER LE NIVEAU

Vous pouvez aussi décider que la partie se joue en un tour. Tous les joueurs inscrivant leur panier sont sains et saufs, les autres doivent boire 1 gorgée.

2+ JOUEURS

Le va-chercher

UNE PIÈCE AVEC BEAUCOUP D'OBJETS

LA RÈGLE DU JEU

1

Les joueurs sont autour d'une table.

2

Un des joueurs donne une couleur. Tout le monde doit alors aller chercher un objet de la couleur énoncée (partiellement ou complètement).

3

Le dernier qui pose l'objet sur la table boit 1 gorgée.

4

Pour ne pas avantager un joueur, chacun indiquera sa couleur à tour de rôle.

POUR CORSER LE NIVEAU

Au lieu de jouer avec une seule couleur, donnez-en deux.

Par exemple : « Va chercher quelque chose contenant du noir et du blanc ». Dans ce cas, si vous avez un zèbre dans votre salon, vous pouvez le mettre sur la table sans souci.

suite

Pour ceux qui veulent jouer mais qui ont la flemme de bouger, vous pouvez jouer en plaçant votre index sur un objet de cette très jolie pièce.

PIERRE CROCE

COMME PROMIS,
VOICI UNE TABLE !

2+
JOUEURS

1 GLOBE TERRESTRE

1 DOIGT
DE VOTRE MAIN

LA RÈGLE DU JEU

1

Sur le même principe que le jeu du planisphère (voir page 34), vous pouvez jouer mais cette fois avec un globe terrestre, ce qui, a priori, causera moins de dégâts chez vous.

2

Cette fois, le joueur qui commence fait tourner le globe et doit poser son doigt, sans regarder, sur une partie du globe.

3

S'il est sur une partie terrestre, il ne boit pas, sinon il boit 1 gorgée.

4

Si un joueur pose le doigt sur un territoire clairement identifié comme une île, alors il fait boire 1 gorgée à tous les autres joueurs.

POUR CORSER LE NIVEAU

Vous pouvez aussi jouer à ce jeu sur un mode plus stratégique.

Par exemple, si un joueur met le doigt sur la Russie, le pays lui appartient, chaque joueur qui tombera donc sur ce pays par la suite, devra boire 1 gorgée de loyer pour avoir mis le doigt sur le pays de quelqu'un d'autre.

Le plus dur étant de retenir à qui appartient chaque pays, car après quelques tours de jeu la mémoire commence à flancher...

MA PETITE NOTE

Si vraiment vous avez envie de boire, vous pouvez jouer à ce jeu avec un ballon bleu.

2+
JOUEURS

la Speed liste

1 DÉ PAR JOUEUR

1 TÉLÉPHONE

LA RÈGLE DU JEU

1

Chaque joueur a un dé en main.

Un des joueurs prépare un chrono de 10 secondes. Le chrono doit être posé sur la table.

2

Un premier joueur donne une liste à énumérer, par exemple « les capitales européennes ».

3

Une fois la liste énoncée, les joueurs lancent alors leur dé en même temps sans trop traîner.

Vous pouvez alors enclencher le chrono.

MA PETITE NOTE

Pour ceux qui ne sont pas inspirés pour les listes, je vous en donne quelques-unes en page suivante.

4

Le joueur qui fait le plus grand score doit alors énumérer la liste en 10 secondes, avec le nombre de réponses correspondant à son score.

5

Par exemple, s'il a fait 6, il doit nommer 6 capitales européennes en 10 secondes.

6

Si le joueur ne réussit pas à valider sa liste entièrement, il boit le nombre de gorgées indiquées sur son dé, même s'il avait réussi à commencer sa liste.

Notez que si deux joueurs ou plus font le même score pour le plus grand dé, leur score s'annule alors, c'est alors à celui qui a le plus grand nombre en dessous d'eux qui doit énumérer sa liste.

suite

LISTES GÉNÉRALISTES

- Des sports se jouant avec une balle (pas un ballon) ;
- Des villes où il y a la plage ;
- Des pays contenant du bleu dans leur drapeau ;
- Des métiers payés plus de 10 000 euros par mois ;
- Des jurys de *The Voice*, toutes saisons confondues ;
- Des capitales d'Amérique du Sud ;
- Des façons de dire « Santé ! » en plusieurs langues ;
- Des positions du Kama Sutra ;
- Des prénoms commençant par Z ;
- Des départements français ;
- Des marques de bières ;
- Des types de branchement que l'on peut trouver sur un ordinateur ;
- Des races de chien ;
- Des tubes de l'été, toutes années confondues ;
- Des salles de spectacle parisiennes ;
- Des multiples de 13 (13 ne compte pas !)

POUR CORSER LE NIVEAU

Si vous vous connaissez bien, le jeu n'en sera que plus drôle avec des listes insolites :

- Des prénoms de filles avec qui Mathieu a couché ;

- Des endroits où Sarah a vomi.

LISTES ENTRE POTES

- Des noms de bar de la ville dans laquelle vous êtes ;
- Des tics de langage de X (remplacez X par une personne autour de la table qui a pas mal de tics de langage) ;
- Des prénoms de la famille de X ;
- Des films que X n'a jamais vu ;
- Des villes dans lesquelles X a vécu ;
- Des achats impulsifs que X a fait ;
- Des marques de vêtements que X a l'habitude de porter ;
- Des prénoms de filles avec qui X a couché ;
- Des endroits où X a vomi.

COMPOSEZ VOTRE LISTE

- ....
- ....
- ....
- ....
- ....
- ....
- ....

2+
JOUEURS

L'Iceberg

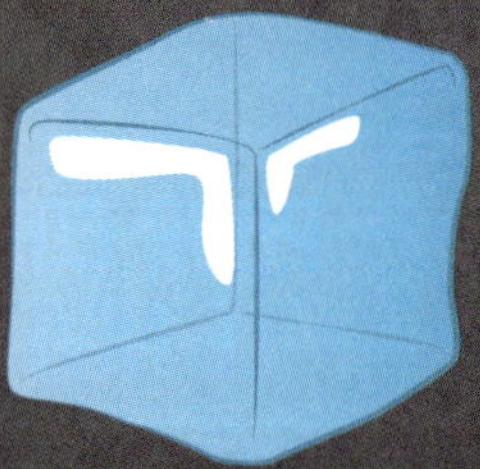

1 GLAÇON PAR JOUEUR

LA RÈGLE DU JEU

1

Chaque joueur prend un glaçon de la même taille en main.

2

Au top départ, tout le monde essaie de le faire fondre au plus vite à l'aide de n'importe quelle partie du corps. Attention, il est interdit de mettre le glaçon dans sa bouche.

MA PETITE NOTE

Pour compenser la fonte des glaces que vous produisez à cause de ce jeu, vous devez vous engager à ramasser un déchet qui ne vous appartient pas dans la rue. Ok pour vous ? (Merci de me confirmer quand ce sera fait en m'envoyant un mail à l'adresse suivante : jeuxdesoiree@gmail.com.)

POUR CORSER LE NIVEAU

Ce jeu peut fonctionner par équipe de 2, à condition que vous n'ayez pas peur des contacts avec votre partenaire.

3

Le dernier qui fait fondre l'intégralité du glaçon perd la partie et boit alors un shot préparé à l'avance.

4 JOUEURS

Le Tennis de Tabouret

À FAIRE IDÉALEMENT EN EXTÉRIEUR

1 TABOURET HAUT

4 RAQUETTES DE TENNIS DE TABLE

2 BALLES DE TENNIS DE TABLE

1 GOBELET

LA RÈGLE DU JEU

1

Mettez le gobelet sur le tabouret haut. Formez alors un carré autour de ce tabouret à environ 3 mètres chacun du tabouret. Les joueurs se faisant face sont en équipe.

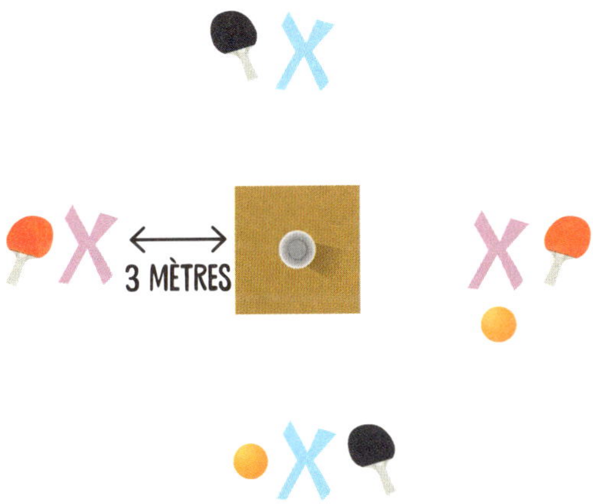

2

Chaque joueur a une raquette de tennis de table en main et un joueur de chaque équipe a une balle en main.

3

Au top départ, chaque binôme doit se faire des passes pour se rapprocher de plus en plus du tabouret et ainsi mettre la balle dans le gobelet. Une seule touche de balle par joueur est autorisée avant de passer la balle à son coéquipier.

suite

4

Si la balle tombe, les 2 joueurs de l'équipe doivent revenir au point de départ.

5

Le premier binôme qui arrive à faire entrer sa balle dans le gobelet remporte la partie. Les 2 joueurs adverses boivent 3 gorgées de pénalité.

MA PETITE NOTE

Comme je n'ai pas spécialement de choses à ajouter sur ce jeu, je voudrais profiter de ce petit espace pour vous faire un aveu. Quelque chose qui est assez lourd à exprimer parce que lorsque je le dis on ne me croit pas, on remet ma parole en question et je n'ai quasiment aucune preuve à l'appui pour prouver les faits. Voilà, je l'avoue : j'ai fait 2 ans de tennis de table en club.

POUR CORSER LE NIVEAU

Vous pouvez éventuellement jouer à 6, en faisant une troisième équipe et en suivant la disposition suivante.

2+ JOUEURS

Le Juibabourré

AUCUN MATÉRIEL REQUIS !

JEU À FAIRE EN VISIO-APÉRO, IDÉALEMENT EN FAISANT LA VISIO AVEC VOTRE TÉLÉPHONE POUR AVOIR PLUS DE FACILITÉ À BOUGER

LA RÈGLE DU JEU

1

Vous êtes en visio-apéro avec vos amis, le premier joueur va se mettre à un endroit chez lui et dire « Juibabourré mais je vois » et il peut décider alors de décrire quelque chose de totalement faux, ou alors il décrit quelque chose de totalement vrai.

Par exemple : « Juibabourré mais je vois une box Internet posée sur une chicha. »

POUR CORSER LE NIVEAU

Si tous les joueurs trouvent la bonne solution (que ça soit une situation inventée ou non), le joueur principal boit 1 gorgée de pénalité.

2

Les joueurs décident alors à tour de rôle si c'est vrai ou non, puis le joueur principal retourne sa caméra pour montrer si la situation était vraie ou non. Les joueurs ayant mal pronostiqué la situation boivent alors 1 gorgée.

Attention : Si vous décidez d'inventer une situation, il faut que tous les éléments inventés ne soient pas du tout en face de vous. Sur l'exemple précédent, s'il y a un livre posé sur une chicha, vous pouvez être considérés comme tricheur, voire comme fou puisque c'est extrêmement dangereux de poser un livre sur une chicha.

3

Une fois la partie finie, vous pouvez changer de joueur principal pour la partie suivante.

MA PETITE NOTE

Si vous décidez de bluffer, attention à bien dire des choses probables. La dernière fois quand j'ai dit « Juibabourré mais je vois Rihanna en train de twerker sur mon canapé pendant que Drake joue de la flûte », j'ai pas forcément gagné la partie (parce que Drake jouait du saxo et pas de la flûte).

2 à 4
JOUEURS

Le Sélectionneur

1 JEU DE CARTES

2 DÉS

LA RÈGLE DU JEU

Ce jeu est inspiré du Yam's.

1

Chaque joueur place devant lui les 10 chiffres d'une couleur d'un jeu de cartes, par exemple les 10 cartes de carreau* comme sur le schéma ci-dessous.

Dans ce jeu, l'as vaut 11.

2

Le premier joueur tire les 2 dés d'un coup.

*J'ai mis carreau ici, mais vraiment c'est un exemple, ne commencez pas à dire que j'en veux au trèfle et que c'est pour ça que j'ai pas parlé de lui. Il n'y a aucune embrouille entre lui et moi, commencez pas avec vos rumeurs.

suite

3

Il enlève de ses cartes le chiffre auquel le tirage de ses dés correspond. Par exemple, s'il fait 2 et 1 avec ses dés, il retire la carte 3 puis c'est au tour du joueur suivant.

Le but du jeu est de retirer toutes ses cartes en premier.

4

À noter que les doubles permettent de donner 1 gorgée à n'importe qui pendant la partie, en plus d'enlever la carte correspondante. Donc si un joueur fait 5 et 5, il retire la carte 10 et distribue 1 gorgée à un autre joueur. Le double 6 permet d'enlever n'importe quelle carte de son jeu et de distribuer 1 gorgée en plus.

5

Une fois qu'un joueur a gagné la partie, les autres joueurs boivent le nombre de gorgées correspondant aux cartes restantes.

POUR CORSER LE NIVEAU

Si vous voulez corser la partie, vous pouvez décider qu'à chaque tirage qui ne permet pas de retirer une carte de votre jeu, vous devez boire 1 gorgée, ce qui vous fera commencer doucement, mais qui vous fera terminer en beauté.

Si vous faites une paire mais que vous ne pouvez pas retirer de cartes, vous buvez 1 gorgée et en distribuez 1.

MA PETITE NOTE

La saviez-vous ? Pour trouver le nom de ce jeu, j'ai eu cette logique :

UN JEU DE CARTES
EN CARTON
TRI SÉLECTIF
POUBELLE JAUNE
MAIS AUSSI UN PEU VERTE
VERTE COMME LE GAZON
DIDIER DESCHAMPS
SÉLECTIONNEUR

2+
JOUEURS

le Bâton

1 CHIEN

1 BÂTON EN BOIS PAR JOUEUR

LA RÈGLE DU JEU

1

Tous les joueurs saisissent un bâton et s'alignent. Chaque bâton doit avoir un signe distinctif pour être sûr d'éviter les conflits.

2

Idéalement, vous devez tracer une ligne devant vous, comme à la pétanque.

3

Avant de lancer le bâton, appelez votre chien près de vous avec une phrase comme « Polo* viens ici ».

4

Lancez ensuite votre bâton tous en même temps afin de créer la confusion auprès de votre chien.

5

Le bâton qu'il ramène (en passant la ligne) est le bâton du gagnant. Tous les autres participants boivent alors 1 gorgée.

POUR CORSER LE NIVEAU

Tout dialogue avec le chien est accepté. S'il a déjà un bâton en bouche et qu'il n'a pas encore passé la ligne, vous pouvez tenter de le convaincre de lâcher le bâton sus-mordu et d'aller en chercher un autre.

* Le nom du chien est à changer pour qu'il corresponde à la véritable identité de votre canidé.

2+ JOUEURS

Le devine la bouteille

AUCUN MATÉRIEL REQUIS

JEU À FAIRE QUAND VOUS ÊTES ASSIS À UN BAR AVEC UN GRAND NOMBRE DE BOUTEILLES DIFFÉRENTES EN FACE DE VOUS

LA RÈGLE DU JEU

Ce jeu est inspiré du fameux jeu *Qui est-ce ?* que vous connaissez tous.

1

Le but étant que chaque joueur pense à une bouteille posée sur le bar en face.

2

Le premier joueur pose une question fermée au joueur à sa droite (à 2 joueurs, les joueurs se posent des questions mutuellement).

Exemple : Est-ce que la bouteille contient un liquide transparent ?

3

Les joueurs posent une question à tour de rôle. Le premier joueur dont la bouteille a été devinée, perd la partie, il doit boire 3 gorgées.

POUR CORSER LE NIVEAU

Vous pouvez mettre en jeu des gorgées mais vous pouvez aussi mettre en jeu une tournée à payer. Perso, je l'ai fait une fois... Résultat : -104 € sur mon compte (on était beaucoup au bar) !

suite

À VOUS D'ESSAYER !

VOUS POUVEZ POSER LES QUESTIONS SUIVANTES :

- LA BOUTEILLE EST-ELLE GRANDE ?
- LA BOUTEILLE EST-ELLE REMPLIE À MOITIÉ ?
- LA BOUTEILLE EST-ELLE ORANGE ?

MA PETITE NOTE

Anecdote vraie ! J'étais en train de discuter avec un ami dans un bar quand, tout à coup, un groupe de jeunes vient me voir. Je précise qu'ils partaient en EVG en Russie, histoire que vous compreniez l'état d'esprit dans lequel ils étaient.

Ils savaient que j'inventais souvent des jeux dans mes vidéos et l'un d'entre eux me demande « T'as pas un jeu qu'on pourrait faire tous ensemble là ? »

J'ai pris quelques minutes et je leur ai proposé ce jeu, on a mis en jeu la tournée, d'où les -104 euros sur mon compte.

2 à 4
JOUEURS

Le Daytona

1 JEU DE CARTES

1 DÉ PAR JOUEUR

LA RÈGLE DU JEU

1

Chaque joueur aligne devant lui les cartes de 10 à 1 de la couleur qu'il choisit. Ici, l'as vaut 1.

2

Les 4 joueurs lancent alors leur dé en même temps.

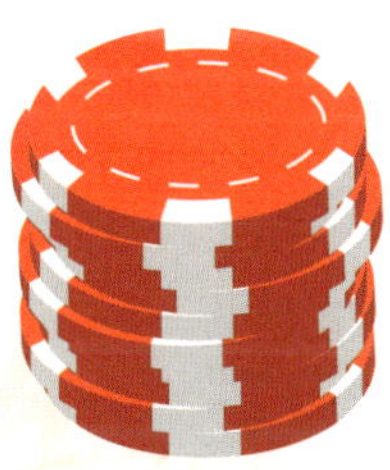

MA PETITE NOTE

Si vous n'avez pas de cartes, vous pouvez jouer avec n'importe quel objet simple à mettre par groupe de 10 devant vous, par exemple 10 jetons de poker, 10 pièces de monnaie, 10 Lamborghinis, ou encore 10 piscines à débordement.

En revanche, les dés ne peuvent pas être remplacés aussi facilement, déjà parce qu'une Lamborghini ne se lance pas si facilement mais en plus comme les côtés d'une Lamborghini ne sont pas égaux, on pourrait vous accusez de tricher avec une Lamborghini pipée.

suite

3

Le joueur ayant fait le plus grand score retire une carte devant lui dans l'ordre décroissant. Donc le « 10 » en premier.

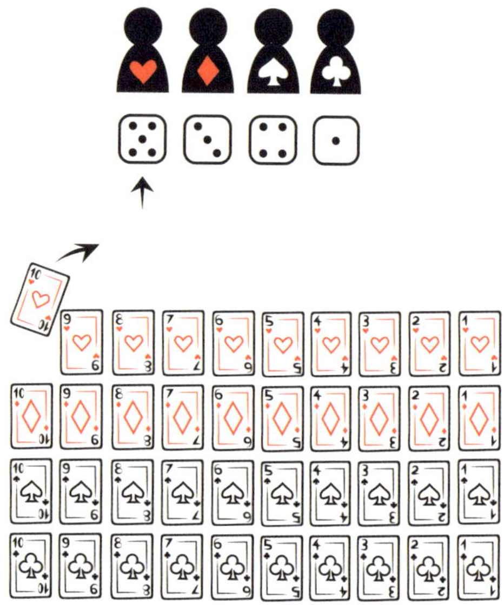

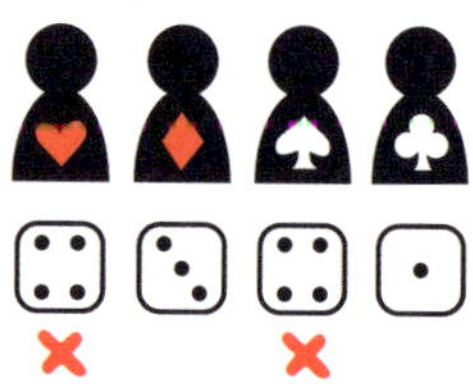

4

Si plusieurs joueurs ont fait le même score pour le plus grand dé, ceux-ci ne sont pas comptabilisés. C'est donc le joueur qui a le score d'en dessous (à condition qu'il soit le seul à l'avoir) qui gagne la partie.

5

Le premier joueur qui retire son as est alors le gagnant. Les autres joueurs boivent le nombre de gorgées correspondant à la plus grande valeur de leur couleur encore présente sur la table.

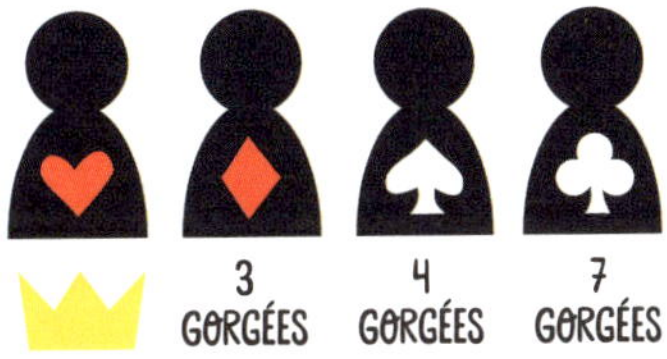

POUR CORSER LE NIVEAU

En plus du jeu de base, vous pouvez aussi ajouter une mission à chaque dé :

- Si vous gagnez avec un 6, comme c'est trop facile, vous devez boire 1 gorgée.
- Si vous gagnez avec un 5, au tour suivant vous aurez le droit de relancer votre dé une seconde fois si vous n'êtes pas vainqueur (l'effet est annulé pour les autres tours).
- Si vous gagnez avec un 4, vous choisissez un joueur qui boit 1 gorgée.
- Si vous gagnez avec un 3, vous choisissez un joueur qui ne jouera pas au tour suivant.
- Si vous gagnez avec un 2, tous les autres joueurs boivent 1 gorgée.

2+
JOUEURS

1 MÈTRE À RUBAN

Le Jeu du Mètre

LA RÈGLE DU JEU

1

Saisissez un mètre à ruban, le premier joueur donne une mesure qu'il pense faire. Pour ne pas que le jeu soit trop simple, la mesure doit être obligatoirement au-dessus de 20 cm.

2

Si par exemple il annonce 27 cm, et qu'il fait 25 cm, le joueur suivant doit faire un moins grand écart. Quand tous les joueurs ont tenté leur chance, celui qui est le plus loin de la mesure annoncée par le joueur 1 est pénalisé.
1 gorgée par centimètre éloigné de la mesure cible. S'il est à plus de 7 cm de la mesure cible, il doit finir son verre.

POUR CORSER LE NIVEAU

Ce jeu peut aussi se jouer comme *Le jeu de la seconde* (voir page 100) :

2 joueurs font une première mesure intervalle entre 20 et 40 cm.

Le joueur suivant doit se placer entre, et ainsi de suite...

Je vous laisse vous reporter au jeu de la seconde, flemme de tout réécrire !

MA PETITE NOTE

Quand je dis que j'ai la flemme de tout réécrire, j'aurais pu très bien faire un copier-coller, donc je me rends compte, qu'en fait, j'ai même la flemme de faire un copier-coller.

3+ JOUEURS

LE DISTRI-BUTEUR

1 VERRE PAR JOUEUR

DES DÉS

LA MISE EN PLACE

Disposez autant de verres sur la table qu'il y a de joueurs. Mettez-vous autour de la table et déterminez un verre comme point de départ. Versez aléatoirement des doses de ce que vous voulez boire en apéritif.

LA RÈGLE DU JEU

1

Prenez des dés dont la somme peut aller au-dessus du nombre de verres. Si vous avez 10 verres sur la table, il faudra 2 dés qui feront 12 au maximum. Si vous avez 13 verres, il faudra 3 dés.

2

Le premier joueur lance les dés. Le résultat déterminera quel est son verre. S'il y a 10 verres et qu'il fait 7 au total, il doit prendre le septième verre en partant du point de départ (en tournant dans le sens des aiguilles d'une montre). S'il fait 12, il prend le deuxième verre puisqu'il aura fait une fois le tour des verres. Le verre est alors retiré et l'étau se resserre.

3

À la fin des tours de tout le monde, chacun aura son verre pour débuter la soirée.

Ce jeu est imaginé pour commencer la soirée tranquillement.

POUR CORSER LE NIVEAU

Vous pouvez ajouter un enjeu sur un verre.

Par exemple, celui qui a le verre numéro 4 devra payer la commande de pizzas. Je dis ça parce qu'au moment où j'ai inventé ce jeu, j'ai payé les pizzas pour tout le monde et personne ne m'a remboursé. Du coup, je cherche un moyen de me venger !

4+
JOUEURS

1 PETIT VERRE

Le Verre d'eau empoisonné

LA RÈGLE DU JEU

1

Servez un verre d'eau par personne, à l'exception d'un seul qui sera rempli avec un autre liquide de votre choix, tout aussi transparent que l'eau. (Je ne peux pas trop vous dire quoi mettre, mais vous avez compris.)

2

Tous les joueurs ferment les yeux, sauf un joueur qui va mélanger une première fois les verres.

Pour être sûr qu'il n'ait pas retenu où était le verre piégé, il ferme les yeux, un autre joueur ouvre alors les yeux et mélange à son tour, ainsi aucune triche ne sera possible.

3

Tous les joueurs ouvrent les yeux et choisissent un verre et le boivent cul sec.

4

S'ouvre alors un débat pour deviner qui avait le verre piégé parmi les joueurs.

Après quelques minutes de débat, chaque joueur montre du doigt le joueur qui selon lui a bu le verre piégé. Le vrai piégé se dénonce alors, sans mentir.

Le compte des points

- Le piégé reçoit 1 point par personne qu'il a trompé (donc tous ceux qui ne l'ont pas désigné).
- Chaque joueur non piégé reçoit 1 point par personne qu'il a trompé (donc tous ceux qui l'ont désigné alors qu'il n'était pas piégé).
- Chaque joueur ayant désigné le vrai piégé marque 1 point.

D'ailleurs, vous pouvez décider que chaque point gagné vous donne la possibilité de distribuer 1 gorgée.

Vous pouvez noter les points sur un papier pour continuer la partie.

3+
JOUEURS

le jeu de la seconde

1 TÉLÉPHONE PAR PERSONNE

LA RÈGLE DU JEU

1

Chaque joueur met son téléphone en mode chronomètre et dépose son téléphone devant lui sur la table.

2

L'heureux propriétaire de ce livre commence le jeu. Il l'a payé, il faut bien qu'il ait un avantage. Il lance un chrono et essaie de s'arrêter entre 1 seconde et 2 secondes.

3

Dans le sens des aiguilles d'une montre, le deuxième joueur essaie de faire de même.

suite

4

Le troisième joueur doit alors s'arrêter entre le chrono du premier joueur et celui du deuxième. S'il arrête son chrono en dehors de cet intervalle, il boit 1 gorgée.

5

Peu importe le chrono du troisième joueur, le quatrième joueur doit alors s'arrêter entre les chronos du deuxième et du troisième joueur, même si l'intervalle se resserre de plus en plus.

6

Et ainsi de suite... Chaque joueur doit toujours se placer dans l'intervalle des 2 chronos précédents.

POUR CORSER LE NIVEAU

• Si un joueur fait exactement le même chrono que l'un des deux joueurs précédents, il ne boit pas et il a la possibilité de distribuer 1 gorgée à qui il veut.

• Si les deux joueurs précédents ont le même chrono et que le troisième arrive à faire le même chrono, tout le monde boit sauf lui.

• Attention, à n'importe quel moment du jeu, y compris au tout début, si un joueur n'est pas dans l'intervalle 1 seconde et 2 secondes, il boit 1 gorgée de pénalité et son chrono compte comme la seconde la plus proche. Par exemple, si le joueur fait 0,93 seconde, son chrono compte pour 1 seconde pour les joueurs suivants. Si le joueur fait 2,07 secondes, le chrono compte comme 2 secondes.

• Pour ne pas ralentir le jeu, si autour de la table un téléphone se met en veille, le propriétaire du téléphone boit 1 gorgée. Ayez donc toujours un œil sur votre téléphone !

• Si un joueur reçoit un appel, en plus de devoir refuser l'appel, il boit 1 gorgée.

• Si un joueur réinitialise son chrono avant que ça soit de nouveau à son tour de jouer, il boit 1 gorgée. Dans ce cas, c'est le chrono du joueur précédent qui est pris en compte pour constituer l'intervalle.

MA PETITE NOTE

Comme vous l'avez constaté, il y a beaucoup de règles complémentaires pour ce jeu, parce que c'est le jeu préféré de l'auteur de ce livre. Alors oui j'aurais pu dire « c'est mon jeu préféré », mais dès que je peux caser le mot « auteur », je le fais, je vous rappelle que je suis auteur.

3+
JOUEURS

L'EMPORTE-PIÈCE

AUCUN MATÉRIEL REQUIS !

JEU À FAIRE DANS
UNE PIÈCE OÙ IL Y A
BEAUCOUP D'OBJETS

LA RÈGLE DU JEU

1

Pendant votre soirée, prenez discrètement un objet dans la pièce où se trouvent les gens. L'objet doit être suffisamment grand pour ne pas tenir dans une main fermée (sinon le jeu sera trop difficile).

2

À l'abri des regards, cachez l'objet (dans une autre pièce par exemple) et criez « Pièce emportée ! »

3

À partir de ce moment, tous les gens présents peuvent tenter de trouver l'objet caché. Celui qui trouve n'a aucune sanction, tous les autres boivent 3 gorgées.

POUR CORSER LE NIVEAU

En petit comité, vous pouvez demander à tout le monde de prendre un temps pour mémoriser les objets de la pièce, leur demander de sortir de la pièce et leur dire de revenir une fois l'objet caché.

Si la soirée se passe chez vous, c'est aussi une très bonne méthode pour virer les gens quand vous en avez marre. Dites-leur de sortir sur le palier pendant que vous cachez l'objet, et paf ! vous fermez à clé et vous allez vous coucher !

MA PETITE NOTE

Attention ! Je vous déconseille fortement de jouer à ce jeu dans une bijouterie.

2+
JOUEURS

LA TUILE

1 TOITURE
RELATIVEMENT BASSE,
AVEC TUILES

1 BALLE DE TENNIS
DE TABLE PAR JOUEUR

LA RÈGLE DU JEU

1

Face à la toiture, chaque joueur envoie sa balle en même temps, le plus haut possible sur la toiture en essayant de ne pas la faire passer de l'autre côté du toit.

2

Le joueur dont la balle tombe au sol en premier a perdu. Il doit alors boire 1 gorgée.

3

La partie peut recommencer.

POUR CORSER LE NIVEAU

- **Si la balle passe de l'autre côté de la toiture ou tombe sur les côtés, le joueur boit 1 gorgée.**
- **Si la balle se bloque dans la gouttière, le joueur boit 1 gorgée.**

MA PETITE NOTE

L'occasion de jouer à ce jeu est rare car il faut un toit totalement adapté à la situation, mais gardez l'œil vif, vous aurez forcément une occasion d'y jouer.

Après si vous avez un gros budget, vous pouvez construire une maisonnette avec une toiture adaptée à ce jeu.

2+
JOUEURS

1 TOUPIE PAR JOUEUR

le jeu de la toupie

LA RÈGLE DU JEU

1

Sur une surface plate, tous les joueurs font partir leur toupie en même temps, le joueur dont la toupie s'arrête en premier boit 1 shot de pénalité.

2

Tous les autres joueurs boivent 1 gorgée de pénalité, sauf le joueur dont la toupie s'arrête en dernier.

MA PETITE NOTE

Alors oui je sais, vous vous dites « Qui a encore des toupies à la maison ? » Bah, écoutez, je voudrais que le toupie game revienne à la mode, qu'on ait tous une toupie dans la poche pour pouvoir jouer à ce jeu à tout moment. J'essaie de changer le monde à ma manière, que voulez-vous, il y a Martin Luther King et il y a moi.

POUR CORSER LE NIVEAU

Sur la surface plate, vous pouvez aussi ajouter des éléments, par exemple un shot placé au milieu qui devra être bu par celui dont la toupie touche le verre.

2+
JOUEURS

JEU À FAIRE EN VISIO-APÉRO, IDÉALEMENT EN FAISANT LA VISIO AVEC VOTRE TÉLÉPHONE POUR AVOIR PLUS DE FACILITÉ À BOUGER

LA RÈGLE DU JEU

1

Pendant votre visio-apéro avec vos amis, vous pouvez annoncer à tout moment « X ». Tous les joueurs doivent alors trouver un angle entre leur téléphone et leur corps pour que les pieds et les mains arrivent dans chaque angle de leur caméra et ainsi dessiner un X. Le dernier joueur à y parvenir perd le jeu et boit 1 gorgée.

2

Un joueur ne peut pas dire de nouveau « X » avant que tous les autres joueurs l'aient annoncé à leur tour. Une fois que tous les joueurs ont annoncé une fois « X », un tour peut recommencer. L'ordre redevient sans importance.

MA PETITE NOTE

Vous avez de la chance que j'ai appelé ce jeu « X », imaginez si je l'avais appelé « Z »...

2+
JOUEURS

le Jeu du NIVEAU

1 NIVEAU

LA RÈGLE DU JEU

Ce jeu est très compliqué à maîtriser, mais tout aussi prenant.

1

Prenez un niveau en main et faites-le tourner un tour dans les airs, rattrapez-le, ne bougez plus (et surtout ne regardez pas le niveau).

2

Un autre joueur s'approche alors pour vérifier le niveau. Voici alors les pénalités :

- Si la bulle est entre les deux traits, vous ne buvez rien.
- Si la bulle touche un trait, vous buvez 1 gorgée.
- Si la bulle est en dehors des traits et ne les touche même pas, vous buvez 3 gorgées.
- Si vous avez fait tomber le niveau avant de le rattraper, c'est cul sec.

MA PETITE NOTE

Pour vous dire la vérité, avant d'inventer ce jeu, je n'avais jamais compris l'utilité d'un niveau. Maintenant, je sais à quoi ça sert : jouer à ce jeu.

2+
JOUEURS

Le grand multi-cul-sec

1 TÉLÉ

LA RÈGLE DU JEU

Ce jeu se joue spécialement lors des soirées Multiplex de Ligue 1.

Lorsqu'un but est annoncé avec la sonnette, tous les gens présents à la soirée boivent 1 gorgée.

Effectivement, ce n'est pas le jeu le plus réfléchi de cet ouvrage.

POUR CORSER LE NIVEAU

Avant que les commentateurs annoncent l'équipe qui a marqué, chaque joueur peut tenter rapidement d'annoncer la ville en question. Le ou les joueurs qui réussissent leur pari sont sains et saufs et ne boivent pas leur gorgée.

MA PETITE NOTE

Pour plus de confort sur ce jeu, je suis en train de négocier avec les diffuseurs officiels de la Ligue 1, le fait que les commentateurs annoncent « Une gorgée pour tout le monde » à la place de « Buuuuuuut » dans leurs commentaires.

2 JOUEURS

La Bataille Murale

16 GROS GOBELETS

ENVIRON 20 BALLES
DE TENNIS DE TABLE
DE 2 COULEURS DIFFÉRENTES

LA MISE EN PLACE

1

Approchez votre table contre un mur afin que la longueur de la table soit perpendiculaire au mur.

2

Les joueurs se placent alors devant la table, face au mur.

3

Disposez les 16 gobelets en un carré de 4 par 4, de votre côté de la table, le plus loin possible !

4

Chaque joueur choisit sa couleur de balle.

SCHÉMA VU D'EN HAUT

suite

LA RÈGLE DU JEU

1

Chaque joueur, à tour de rôle, va faire rebondir sa balle sur la table puis contre le mur pour essayer de viser un verre.

2

Si une balle arrive dans un gobelet déjà occupé par la balle de l'adversaire, les 2 balles restent dans le gobelet et chacune compte pour son joueur.

MA PETITE NOTE

Je me suis permis de vous conseiller d'approcher la table près de votre mur, alors je sais que c'est pas chez moi et vous faites ce que vous voulez, mais l'inverse est beaucoup plus pénible, voire même complètement con. D'où le fait que je me sois permis ce petit conseil pratique.

3

Le premier des deux joueurs qui arrive à aligner 4 balles, à la verticale, horizontale ou diagonale, remporte la partie.

EXEMPLES DE VICTOIRES

HORIZONTAL

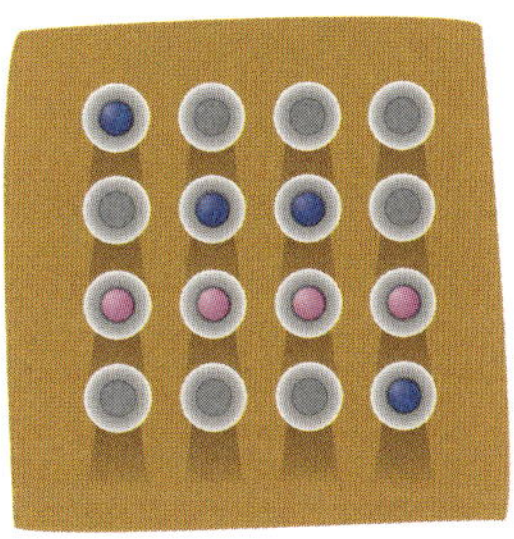

VICTOIRE DU JOUEUR ROSE

DIAGONAL

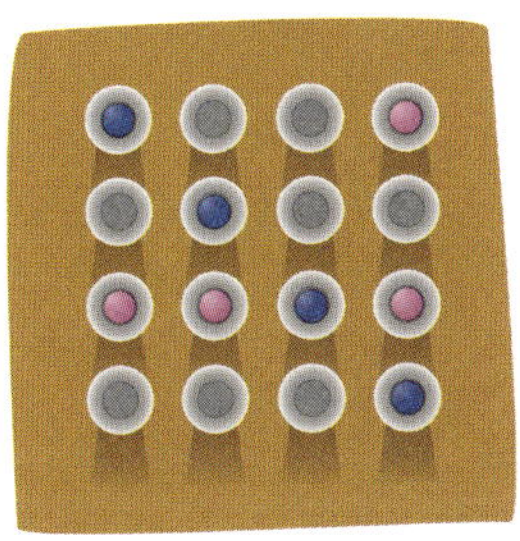

VICTOIRE DU JOUEUR BLEU

VERTICAL

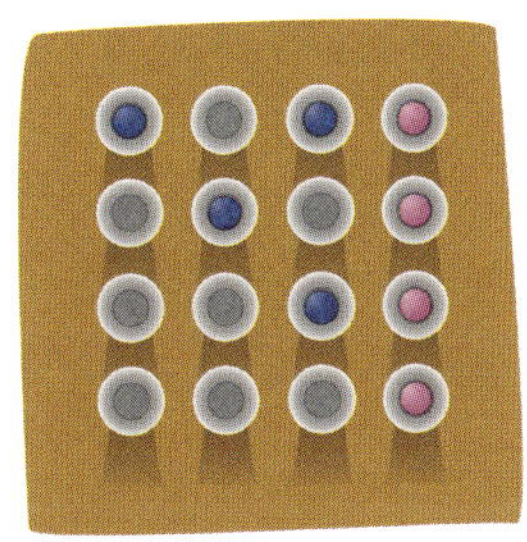

VICTOIRE DU JOUEUR ROSE

POUR CORSER LE NIVEAU

Vous pouvez faire ce même jeu en faisant un carré de 3 x 3 gobelets.

Pour y ajouter de l'intensité, quand la balle d'un joueur arrive dans un gobelet déjà occupé par une balle adverse, cette dernière est sortie du gobelet. C'est donc toujours le dernier qui arrive dans le gobelet qui remporte la position.

2+
JOUEURS

1 TABLE AVEC UNE SURFACE RELATIVEMENT GLISSANTE

1 CAPSULE PAR PERSONNE

Le Précipice

LA RÈGLE DU JEU

1

Au bout d'une table, lancez votre capsule à tour de rôle pour arriver le plus proche du bord opposé de la table, sans tomber dans le précipice. Vous pouvez évidemment toucher un autre joueur pour le faire tomber si l'occasion se présente.

POUR CORSER LE NIVEAU

Vous pouvez jouer à ce jeu avec des glaçons si votre surface le permet, les trajectoires sont encore plus difficiles à anticiper.

Dans ce cas, faites un couloir mouillé sur la surface de jeu, pour que les glaçons glissent plus facilement.

MA PETITE NOTE

Je vais me confesser : j'ai pas l'impression d'avoir inventé grand-chose ici. J'ai repris un jeu un peu enfantin, et ajouté quelques règles pour distribuer des gorgées.

Voilà, j'espère que vous ne m'en tiendrez pas rigueur, le jeu est quand même sympa.

2

Le joueur le plus proche du précipice sans tomber gagne la partie et ne boit rien.

Les joueurs tombés boivent cul sec.

Les joueurs encore sur la table boivent 1 gorgée par position, le deuxième boit 2 gorgées, le troisième boit 3 gorgées, et ainsi de suite.

4

JOUEURS

Le verre menteur

AUCUN MATÉRIEL REQUIS !

LA RÈGLE DU JEU

1

3 joueurs d'un côté d'une table, 1 joueur en face d'eux mais de dos dans un premier temps. Les 3 joueurs ont chacun un shot vide devant eux.

2

Ils parlent à voix haute et décident qui aura les shots d'eau et qui aura le shot empoisonné. Ils peuvent décider de bluffer à voix haute ou dire la vérité.

3

Le joueur de dos se retourne. Il décide alors de prendre le verre d'un joueur qu'il choisit, selon ce qu'il a entendu quand il était de dos. Ensuite, tous les joueurs boivent leur verre (sauf celui qui a donné son verre par conséquent).

Le but du jeu est donc de négocier au mieux pour ne pas boire le shot empoisonné.

POUR CORSER LE NIVEAU

Vous pouvez aussi jouer avec 2 verres piégés sur les 3.

MA PETITE NOTE

Pour plus de fourberie, vous pouvez décider du contenu des shots une fois que la personne est retournée. L'important étant que la couleur des contenus ne donne pas trop d'indice sur les pièges. Ou alors vous pouvez jouer avec des verres opaques, et là, vous êtes machiavéliques.

REMERCIEMENTS

Je tiens à remercier :

Fred Van Long

Guillaume Santin

Benjamin Verrecchia

Geoffrey Bonsignore

Charles Durand

Emilien Alliot

Jordie Boillereau

Sophie Pégourié

Alexandre Soubeyrand

Léane Devimeux

Fanny Lourtis

Mathieu Monconduit

Léo Constant

Agathe Margossian

Pierre-Antoine Leroux

Thomas Mouy

INDEX PAR JOUEURS